W0238394

KLEINER GRUSS FÜR

beste Freunde

Das bunte Leben beginnt dort,
wo wir mit Freunden sind und uns mit
kleinem Glück
umgeben.

Justus Paul

Es gibt nichts Schöneres im Leben
als die Freundschaft: Du hast jemanden,
dem du dein Inneres öffnen, dem du
Geheimnisse mitteilen,
das Verborgene deines Herzens
anvertrauen kannst.

Ambrosius von Mailand

thank you

Unsere Freundschaft

ist ein

wahres Geschenk

für mich!

Manche Menschen machen die Welt

ein Stückchen heller.

Einfach nur,

weil sie da sind.

Das Glück ist ein Mosaikbild,
das aus lauter unscheinbaren
kleinen Freuden
zusammengesetzt ist.

Daniel Spitzer

Auf den Wegen der

Freundschaft

soll man kein Gras wachsen lassen.

Marie-Thérèse Geoffrin

Freunde sind die

Sonne

in unserem Leben.

Nina Sandmann

Es gibt Freunde, es gibt Familie –

und es gibt Freunde, die zu

Familie werden.

HOME

Ein Lächeln, ein liebes Wort,

eine kleine Geste –

diese Dinge sind es, die unser

Herz erblühen lassen.

Das Leben lässt keinen Aufschub gelten;

bieten sich Freuden,

so soll man sie genießen.

Samuel Johnson

Man muss sein Glück teilen,

um es zu

multiplizieren.

Marie von Ebner-Eschenbach

Hundert kleine Freuden

sind tausendmal mehr wert als eine große.

Paul Wilhelm von Keppler

Der Zuspruch
eines Freundes lässt die
Sonne scheinen.

Angelika Emmert

Mit den richtigen Menschen
an seiner Seite, die einen halten
und unterstützen,
ist nichts im Leben
wirklich schwer.

Freunde, auch wenn sie weit weg,

bleiben im Herzen.

Anke Kopietz

Freundschaften

verschönern

das Leben.

Lucy Maud Montgomery

Freunde können miteinander reden, lachen, traurig sein; und wenn sie sich die Stille teilen, dann können sie auch

miteinander schweigen.

Brigitte Theilen

Das wertvollste Geschenk
eines Freundes ist die Zeit,
die er mit dir verbringt.

unbekannt

Unsere Abenteuer und Unternehmungen geben dem Leben erst die richtige Würze.

Zusammen sind wir unschlagbar

und könnten

die Welt erobern.

Wenn wir

beisammen sind, fühle ich mich

frei und unbeschwert.

Zu zweit ist jeder Moment doppelt so schön

und jede Erinnerung

doppelt so wertvoll.

Florentine Graf

Du begegnest vielen Menschen
in deinem Leben. Aber nur wahre Freunde
hinterlassen ihre
Spuren in deinem Herzen.

unbekannt

Idee und Konzept: GROH Verlag. Das Werk einschließlich seiner Teile ist urheberrechtlich geschützt. Jede Verwertung außerhalb der engen Grenzen des Urheberrechtsgesetzes ist ohne Zustimmung des Verlages unzulässig und strafbar. Das gilt insbesondere für Kopien, Einspeicherung und Verarbeitung in elektronischen Systemen.

Textnachweis: Wir danken allen Autoren bzw. deren Erben, die uns freundlicherweise die Erlaubnis zum Abdruck von Texten erteilt haben.

Bildnachweis: Cover: stock.adobe.com/Knopp-Pictures; Innenteil: yugoro/Shutterstock.com (Hintergründe), S. 3: stock.adobe.com/scerpica, S. 4: stock.adobe.com/annette shaff, S. 6: HalynaRom/Shutterstock.com, S. 9: stock.adobe.com/Claudia Paulussen, S. 10: Westend61/Getty Images, S. 13: Bachkova Natalia/Shutterstock.com, S. 14–15: stock.adobe.com/Momentum, S. 17: stock.adobe.com/Natnan, S. 18: stock.adobe.com/angyim, S. 21: stock.adobe.com/pavelgulea, S. 22: Oksana Mizina/Shutterstock.com, S. 25: stock.adobe.com/S.H.exclusiv, S. 26–27: nature photos/Shutterstock.com, S. 28: stock.adobe.com/Kseniia, S. 31: stock.adobe.com/Africa Studio, S. 32: stock.adobe.com/mehmetkrc, S. 35: ESB Professional/Shutterstock.com, S. 36: Fortyforks/Shutterstock.com, S. 38–39: BT1976/Shutterstock.com, S. 41: stock.adobe.com/Alex Stemmers, S. 42: stock.adobe.com/cppzone, S. 45: Sunny Forest/Shutterstock.com, S. 46: stock.adobe.com/mary hengst/EyeEm.

Cover, Layout und Satz: Petra Schmidt Grafik Design

Gesamtherstellung: AZ Druck und Datentechnik GmbH, Kempten

Aus Verantwortung für die Umwelt hat sich die Verlagsgruppe Droemer Knaur zu einer nachhaltigen Buchproduktion verpflichtet. Der bewusste Umgang mit unseren Ressourcen, der Schutz unseres Klimas und der Natur gehören zu unseren obersten Unternehmenszielen. Gemeinsam mit unseren Partnern und Lieferanten setzen wir uns für eine klimaneutrale Buchproduktion ein, die den Erwerb von Klimazertifikaten zur Kompensation des CO_2-Ausstoßes einschließt. Weitere Informationen finden Sie unter: www.klimaneutralerverlag.de

Kleiner Gruß für beste Freunde
GTIN 978-3-8485-0152-6
© 2022 Groh Verlag. Ein Imprint der Verlagsgruppe
Droemer Knaur GmbH & Co. KG, München
www.geschenkverlage.de

FSC www.fsc.org MIX Papier aus verantwortungsvollen Quellen FSC® C008457

1 2 3 4 5